U0944477

梦中诗

Meng Zhong Shi

冰山阳光◎著

在钢筋水泥的都市中，

唤醒大家对生活和梦想的热爱。

CFP 中国电影出版社

图书在版编目（CIP）数据

梦中诗 / 冰山阳光著. —北京：中国电影出版社，2013.9
ISBN 978-7-106-03729-1

Ⅰ. ①梦…　Ⅱ. ①冰…　Ⅲ. ①诗集—中国—当代　Ⅳ. ①I227

中国版本图书馆CIP数据核字（2013）第211274号

责任编辑：类成云　孙维维
封面设计：久品轩
版式设计：刘　伟
责任校对：刘　杰
责任印制：庞敬峰

梦中诗
冰山阳光　著

出版发行　中国电影出版社（北京北三环东路22号）邮编100013
电话：64296664（总编室）　64216278（发行部）
64296742（读者服务部）Email：cfpygb@126.com
经　　销　新华书店
印　　刷　廊坊市华北石油华星印务有限公司
版　　次　2013年9月第1版　2013年9月第1次印刷
规　　格　开本/850×1168毫米　1/32
印张/8　插页/0　字数/20千字
印　　数　1-5000册

书　　号　ISBN 978-7-106-03729-1/I·0860
定　　价　99.00元

我

在茫茫的人海里
有个不一样的我
在梦里头寻找诗
在诗里面找故事
在故事中寻找人
在人群中寻找爱
在爱中寻找生存
去工作挣钱奋斗
再把所有给生活……

梦中诗

自序

一

一路行来，我来不及思索明白，脚步就已经在岁月中匆匆走过。

还好，我一直还没有忘记自己喜欢的诗歌以及属于自己的人生舞步。

夜深后，早晨还没有起雾前，我就会拿起笔来记载生活中的一部分。

二

是从母亲冒着生命危险把我倒着早产生出来后，我就开始了有泪但没有哭声，有音乐却没有歌声，有笑声少快乐的属于自己及别人的停不下来的生活。

小时候，我特别喜欢读书，但因父母忙，把我放在小山村里，同不识字的外婆在一起。

童年不懂孤独,那里的农民让我学会了宽厚,那里的山水让我懂得温柔,那里的田野让我有了梦想,就这样我长大。

三

小女子的我有许多梦想:诗人、作家、舞蹈家、时装设计师等。因妈妈是国企的好员工,还是当时所谓"红色造反派"的小领导。爸爸却是集体工厂的厂长,在当地还是比较早就开始自己办工厂,成为当时所认为的“走资本主义道路”的危险人物。

父母不但忙,在家里还要为他们自己的不同信仰、不同看法吵得你死我活。

除了读书,放学回家的我还要帮爸爸工厂做衣服、皮鞋,像大人一样工作。

那时让我感到幸福的时候,是能让我一个人有时间静静地看自己喜欢的书,哪怕在洗手间或放学回家的路上……

那时候的我,学会了工作,但即使有梦想也不能说,只能放自己的心中。

四

当我成为老女孩的时候，爱情一直在想象中，没有人来敲门。

一个下雨天，推着自行车走在小路上，碰到了一个男人，也就是我现在的丈夫。我还不知道恋爱的味道，爱人的故事还没开启，就已经到结婚的时光，走进了妻子的行列。

军人的生活， 让我明白什么叫团队、纪律，而且知道了如何做到守时、果断、勇敢去面对一切。

五

从十八岁到三十而立，青春都在国企中度过，让我知道什么是单位与企业。

三十多岁的我终于背起幼小的孩子走上了属于我自己的商人之路，不管我愿意不愿意，我必须走下去，为家庭、钱、生活……最后为了事业、企业，以及为了难以说清楚的一切……我也难以再回头。

六

当我从工农商学兵的行列转了一圈回来，转身看了看已到了天命之年的真正属于自己的我，突然觉得有点不认识自己，人生好像少了什么？属于自己的梦很近也很远……远得我在自信中茫然，近得我在故事中心碎，岁月让我心中充满了许多不舍和无法解释的忧伤，这一切我都愿意在诗中体现。

【目录】

梦中诗

梦中诗

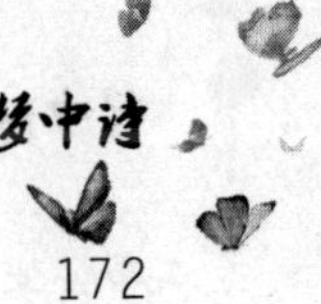

梦中诗

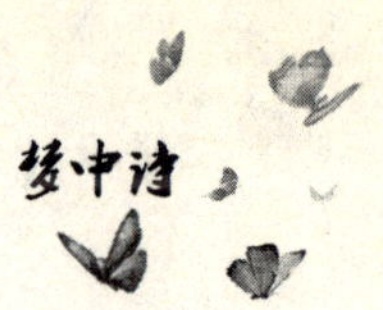

梦中诗

请你捎上梦中诗，
让那礼物变情意。
请你珍藏梦中诗，
让瞬间都成传奇。

请你把诗送女儿，
让女儿如花如玉；
请你把诗给父母，
让妈妈岁月如歌。

请你留住梦中诗，
让人间都成故事；
请你快把诗来读，
让自己梦圆里头。

心事

我,是一朵半开半闭的百合,
多希望,
你能仔细地看一看我。
哪怕是,
风霜已去,秋雨还未滴落!

我,是日与夜交替中的日记,
多愿意,
看到斜晖中你的笑容是那样真实。
请求你,
一定要寄还给我千年的回忆。

我,喜欢出发,不喜欢离去,
为什么?
失去了的东西,你才懂得珍惜?
其实啊,

只要灯火辉煌，心碎也甜蜜。

我，因花落，寂寞的回眸，
而最后，
用泪磨成了目迹写下了诗。
因灯亮，
才发现我的诗愿是这剧中少许的心事。

我，不是来得太早，就是来得太迟，
今天是，
最美好的时刻，你来得正是时候。
黄昏里，
我终于明白生活原来也可以这样美丽。

我，一直有许多秘密已无法寄存，
只好在，
太阳还没出来时暂时漂泊在梦里。
请相信，
有一天，我会把秘密连同祝愿一起公开！

小小鸟

你好，小小鸟，
你的家乡到底在何方？
我愿意做你的好朋友，
带着那快乐一起飞跑。

你好，小小鸟，
我知道你的房子很少，
而且时常要重新建造，
但为何永远快乐无常？

你好，小小鸟，
你的家乡到底在何方？
长久地流浪不一定好，
孤独无望的滋味难熬。

你好,小小鸟,
我从地面上一跃而起,
请你伸展翅膀发乐章,
随便带上我边飞边唱。

小时候

在那小时候，
外婆对我说：
看溪水奔流，
年华会如玉。

在那小时候，
妈妈对我说：
去海里游泳，
时间会成月。

在那小时候，
爸爸对我说：
到山顶看云，
思念会变空。

在那小时候，
我对自己说：
土地上起舞，
传奇里有我！

小时候

童年

当你长大或者年老，
孤独中失去了不少，
从记忆里也许抹掉，
但童年你却忘不了，
给你的天真与欢笑。

童年束缚你能解脱，
所谓使命也好奔跑，
那时候有成堆思考，
也可以任意去撒娇，
为小小烦恼而哭闹。

童年的你无须知道，
因世上的快乐幸福，
都藏在妈妈的心上，
记得在那时候的你，
希望总是无比美好。

童年

春之节日

春之节日，
就在那古历一月一日，
父母亲那个生之节日，
也都在古历一月一日，
我时刻等待这个节日。

一年岁月，
我好像漫游无边大海，
只有在春节的那一天，
像回到自己故乡海岸，
虽然大雪纷飞窗门外。

我和弟弟，
用冻结小手柔软轻风，
把雪花做成白白蛋糕，
在上面插上红红蜡烛，

给父母献上生日的歌。

那天夜晚，
快乐让天空白云漫画，
火热黄土地不醉沉眠，
我把梦想放雪花弥漫，
把祝福放进花香童话。

女孩·月亮·桃花

小女孩举头找月亮，
光着那脚丫抬高站。
微风吹开了小女孩，
白长围巾短黑秀发。

慢慢低头多情月亮，
偷偷看树技上桃花。
小河边的桃花树下，
落下无数含羞桃花。

飘到白白脚丫底下，
小女孩转头望故乡。

大眼睛发亮像月亮，
小嘴唇红红桃花颜。

小脸蛋却像春风里，
十五月亮中找太阳。
蓝色天空里找幻想，
她想把心里梦放大。

舞

一

有个跳舞女孩，
总是喜欢从前，
还没等人起床，
泥土上已起跳。

风声是她音乐，
鞋带为她伴奏，
小草当她观众，
世界在她心中。

她用无声的歌，
那无言的诗句，
终于她和地球，
一起慢慢转动。

二

石头碰碎了太阳，
黑暗中留下星点，
即使移动看得见，
那也是一颗流星。

黑夜里有个舞点，
无论如何看不见，
那也是自我明星，
舞者能把夜唤醒。

生活告诉了生命，
空气里有种声音，
无论如何听不见，
舞者也能作琴声。

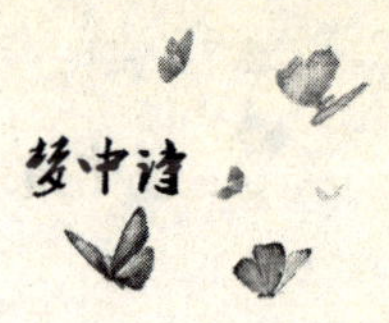

三

以前有人告诉我，
想跳舞的是疯子，
想唱歌的是傻子，
想写诗的是白痴，
挣钱才是真本事。

好多好多年以后，
疯子把舞变关系，
傻子把歌变金子，
白痴把诗变故事，
挣钱还是真本事。

舞

我是一个兵

我是一个兵，
不管是战争还是和平，
时刻保卫着祖国家园，
为祖国人民也为家庭，
也为家中父母的尊严。
虽然我同金钱不搭边，
同时还不可以提早恋，
最寂寞也快乐在部队，
因我是一个可爱的兵。

我是一个兵，
太阳升起到夕阳西下，
树叶都已飘散在地面，
我还站在岗位上等待，
不管是战争还是和平。
我把祝福给祖国人民，

我把美梦给心中恋人，
我把幸福留给我爱人，
因我是一个优秀的兵。

我是一个兵，
穿着军装穿越过人群，
哪怕看到以前的恋人，
已同他人漫步在公园，
我还把祝福放进花季。
连同爱让他们肩并肩，
暴风雨能吹断那树枝，
吹不走我心中的大爱，
因我是一个坚强的兵。

春夏秋冬

春

春刚把花逗乐逗笑，
还没有大声地歌唱，
风与蝴蝶就全跟上。

夏

夏被迫把衣服脱掉，
让自己轻松地飞跑，
让汗流进脊背里藏。

秋

秋刚在果园找地方，
诗就把秋放在心上，
落叶飘了秋才知道。

冬

冬快速把果园封上，
留下那所有的伤愁，
轻松地把果实带走。

各自走

春夏秋冬曾经约定，
一起睡觉一起快乐，
睡醒时却都各自走。

无名花

太阳升起的时候，
故乡歌总是响起。
在有月亮的晚上，
故乡诗终于涌起。

当春风还没吹起，
音乐就开始响起。
为迎接幸福快乐，
采摘流放了花朵。

当小雨还没停留，
名花就已经入户。
伤心痛苦的你我，
才想起小草失落。

岁月已走过前头，
不管今与后如何。
无名花总是被风，
遗忘在无人角落。

无名花

敲！敲！敲！

小雨轻轻地敲，
敲打着那小窗，
敲碎我的温柔，
敲乱我的心跳。

小雨慢慢地敲，
敲近那棵小草，
敲到大家知道，
敲到停止心跳。

小雨悄悄地敲，
敲到无人睡觉，
敲醒旁边小猫，
敲到一起依靠。

小雨不停地敲，
敲在不同地方，
敲响共同愿望，
敲中大地希望！

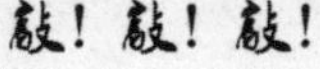

敲！敲！敲！

我好想

我好想，来到世上，
有一个，花容月貌，
给自己，一点希望，
沉默中，都能骄傲。

我好想，慢慢长大，
能欢笑，梦的童年，
能歌唱，自由奔跑，
弟妹间，能相依靠。

我好想，少女青春，
爱情里，恋爱味道，
双手碰，不住心跳，
思念中，相思难忘。

我好想,人到中年,
家庭里,上孝下好,
事业上,年年牢靠,
我一生,都能称道。

我好想,当我年老,
走不动,也能思考,
只要有,一点希望,
我都要,重新欢笑!

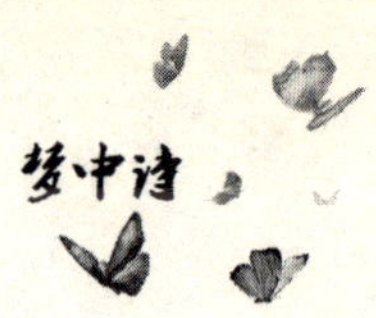

水中太阳

人们总说那太阳太傲，
高高在上谁都抓不到。
终于我发现在海水里，
有个太阳总对我傻笑。

我怕一不小心惊动她，
就悄悄然轻轻地走近，
双手去水里把太阳捞，
原来比天上更难抓到。

如果你想让太阳欢笑，
如果你想让海水歌唱，
请把灵魂在诗里苍茫，
请把梦想放泥土燃烧。

大海是那太阳的镜子，
照照镜子也看看自己，
不管在天在地在海里，
请不要只灿烂你自己！

梦中诗

太阳

贝壳

小时候，
常在海边寻贝壳，
寻我梦境中贝壳。

长大了，
常在梦中找贝壳，
找我自己海贝壳。

我老了，
常在心里忆贝壳，
想我年老像贝壳。

梦中诗

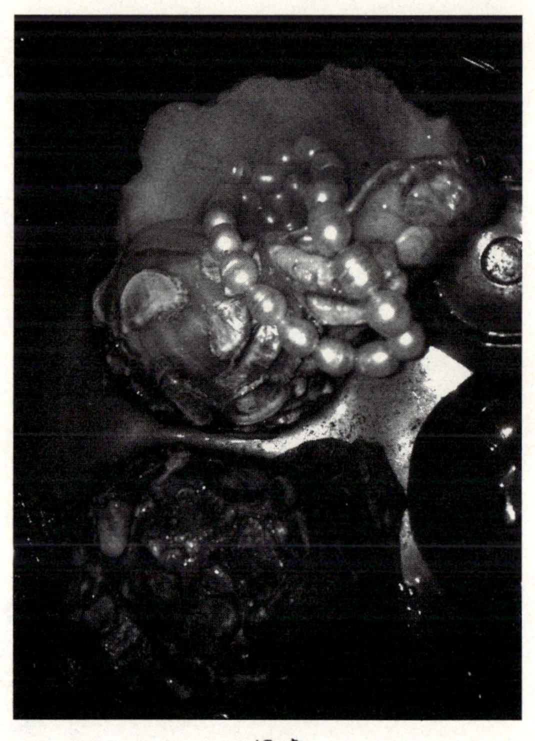

贝壳

路

山那边有条小路，
从小在那边走过，
老者说那还有路，
但我再也没走过。

如果同灵魂一道，
从山那边飞奔过，
会传说故事更多，
但我却没有飞过。

路

树叶

大地上遍地树叶，
就如那秋日草原，
相约着挤躺地面，
空闲无望地等待。

残存疲倦的树叶，
为失败友人伤悲，
为逝去老人悲哀，
微凉风中却分开。

纷纷飘落的树叶，
对路过青年不满，
为成功人士喝彩，
自己却碎裂成泥。

无奈又失望树叶，
需一起枯黄萎去，
请不要过分悲哀，
因万物也会成空。

叶

树枝

是树枝总会发芽，
哪怕被人来剪它，
哪怕故土远离它，
有水还是能发芽。

是树枝总会发芽，
哪怕没人伴随它，
哪怕花儿不要它，
也要想办法发芽。

树根也峥嵘

我每天走过山头，
树枝总向人招手，
树叶疯一样跳舞，
小鸟从林子飞过。

突然一天我发现，
岁月已匆匆上路，
埋在黄土泥下的，
树根也开始峥嵘。

树根也峥嵘

爱无限

一水一海洋，
一脚一天下，
风雨飘风沙，
人人爱无限。

一诗一梦想，
一音一世界，
匆匆去岁月，
古老的传说。

不知道

我不知道，
我真的不知道，
无数条小路还没有车跑，
无数个生命还没有起跑，
一个天空下无数个世界，
一个地球上无数个海洋，
这土地上有无数的思想，
这土地上有无数的山峰。

我不知道，
我真的不知道，
这地球上是先有了那生命，
还是先有无人知道的小路，
是先有思想还是先有世界，
是先有海洋还是先有山峰，
说实话我还真一点不知道，

这个地球到底来自哪一方？

我不知道，
但我却知道，
这世界里真有一个地球，
地球上住着动物和我们，
我们不需要什么都知道，
只需知道自己要有希望，
哪怕已经到地老天也荒，
只要我们该知道的知道。

盼望

十八岁那个月夜，
总盼望再来一次，
哪怕青春已漂白，
月亮正慢慢弯曲。

然而离时风心碎，
都已经无法来回，
哪怕岁月可改变，
百合花也已枯萎。

蓝天在上可作证，
不断滚动的车轮，
是我前往的心声，
请带上我去飘零。

路上我呼吸好累，
好像忆起了一些，
不能实现的诺言，
无法解释的伤悲。

朋友走近请细听，
沙沙风声抖动心，
是我等待的热情，
和花样美的路程。

本来生活

很久前我总是，
无法躲开父母的责骂，
无法躲开老师的批评；
不久前我还是，
无法躲过家庭的责任，
无法躲过工作的重压。

在现在我却是，
无法躲避年龄与衰弱，
无法躲避伤害与污染；
在以后我好想，
光辉中躲开现实残酷，
生命中还我本来生活。

人生

圆圈是个人生，
烦恼就在旁边，
痛苦就在前面，
失望跟在后面，
你自己就是那，
整个点的圆圈。

人生是个圆圈，
幸福就在旁边，
美梦就在前面，
力量跟在后面，
你自己就是那，
整个圆圈的点。

泪水有记忆

好像没有人知道，
泪水里有个记忆，
所有人世间的事，
请慢慢回忆品味。

把宿命中的失败，
把心碎中的伟大，
让泪水藏个故事，
可拿来感动自己。

泪中的记忆

校友里的朋友

校园里我和你，
曾经相识相遇。
哪怕我们曾经，
是校友里朋友，
那也没有关系。

分手后我和你，
只要互相愿意，
都会在我诗里，
同步在春风里，
时刻把你提起。

只记得那晚上，
我的好多校友，
终于重新相遇，
好像已等待过，

几百年或更多。

因友谊和学习，
忧愁眼角走过，
思念额头流过，
没添白发几缕，
校友里的朋友。

白云与小草

天空白云人人看，
大地小草人人踏。
白云骄傲有人颂，
小草微笑无人看。

远方人儿总相忆，
身边人儿有谁思？
梦想无边都美好，
现实需要更辉煌！

云

好像答应过

我好像答应过，
小手拉着小手，
脚丫碰撞脚丫，
从弯弯的小路，
我们一起走过。

我好像答应过，
你背一个书包，
我背一个希望，
肩并肩膀靠膀，
一起学校走过。

我好像答应过，
你推着我的车，
我看着你的钟，
太阳升起时候，

咱们一起飞过。

我好像答应过，
你带着花女儿，
我带上果儿子，
为了心中的梦，
将一次次上路。

我好像答应过，
等到很久以后，
白头对着白头，
把诗对着那歌，
一起搀扶着过。

太阳也含羞

早晨起床往大山跑，
想同太阳先打个招，
一路小跑把阳光找，
一排大树不停打招，
太阳在树林流着光。

一生气我同大树吵，
小草低头偷偷地笑，
风儿悄悄地告诉我，
请千万不要再争吵，
太阳也有含羞时光。

太阳也害羞

丑与美

从前有位貌丑女孩，
每天用微笑与自信，
来装扮自己的丑态，
也从不怨地不怨天。

休息是人家的一半，
工作是人家的双倍，
家乡的黑土地里面，
曾经藏着爱她的人。

多少人曾用那爱心，
给她善良增加色彩，
给她努力增添光彩，
黄土地里又找回爱。

无数年以后的那天，
忽然看见那个女孩，
充满智慧从内到外，
美丽无比喜悦的脸！

丑与美

山里女孩

有位女孩山里面，
年复一年初长成，
远离父母闯世界，
心里藏着家故乡。

奔波中年复一年，
女孩的善良耐心，
超过所有的长辈，
胜过所有的晚辈。

但她却无法忍受，
城里的寂寞冷漠，
无法忘却山里人，
天真热情与宽厚。

眼望天空数星星，
数不清大地人情，
大山深处有人家，
故乡孩子需要她。

山里弟妹召唤她，
白云深处找牵挂，
捎上情爱与希冀，
山中女孩就是她！

一晚上

总有一晚上，在灯下，
翻开我的心，在窗外，
夜色很朦胧，也很静，
动人的故事，将开始。

时间已过去，好像我，
山风与海浪，呼唤你，
请不要老去，因为我，
曾经固执地，寻找你。

终于一晚上，来桌边，
我把那月儿，来画碎，
所有的悲欢，来放离，
尽有的快乐，来珍藏。

曾经我等你，也只能，
给你与大地，留一本，
无言也无泪，薄薄的，
给你一晚上，我的诗。

晚上

雪中玫瑰

早晨我推开窗户就望见，
眼前好白好大的雪一片，
来不及把昨夜的梦放开，
发现雪地里有朵红玫瑰。

是谁不小心失落了玫瑰，
还是玫瑰不再需要爱恋，
白色雪地就像小女婚衣，
红红玫瑰就像怒放嘴唇。

如此美丽却没有了生气，
心灵颤抖泪水开始飞动，
我轻轻地将红玫瑰抱起，
再也不忍心再将你放弃。

不管你曾经是多么伤痛，
多么的不愿意再次分离，
但已离开了生你的土地，
一生里注定你只能飘零。

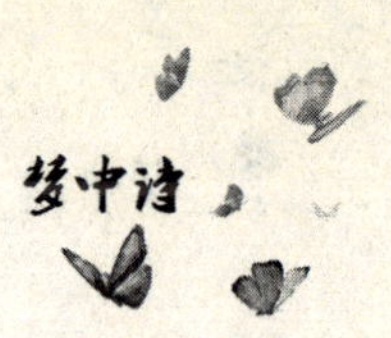

冰山阳光

很远很远的地方，
有座冰山没阳光，
很久很久的时光，
有太多日记收藏。

终于有一束阳光，
像珍珠飞过天堂，
走进冰山的心脏，
展开了翅膀舞蹈。

有冰有山有阳光，
放在手心里燃烧，
我在梦里头寻找，
有爱情的那地方。

逝去的岁月不忘，
终于我用我的诗，
祝福同阳光一道，
让冰封故事怒放。

冰山阳光

创意

在流淌的血液里，
抗拒与好奇掺杂，
怀疑与希望参半，
每天都涌动创意。

像是肉身的组织，
趁着醉酒的迷雾，
未将我团团萦绕，
我需要真实创意。

趁着灵魂未交易，
创意之窗未关闭，
让所有内在力量，
同时间不期而遇。

让所有人的一生，
荡漾创意闪光芒，
修复生命创造力，
开启文化新天地！

风景与梦境

在草地，
一个女孩抬头望见，
天空中那白云飘忽，
微风吹散了黄头发，
吹开了金黄色梦境。

在旁边，
一个男孩打开相机，
风儿只是一不小心，
轻轻地把他的思念，
吹散了女孩的梦境。

在楼上，
一对小夫妻推开窗户，
把风和黑发握紧手心，
望景色把所有的诉说，

悄悄地告诉了那明月。

在远处，
一对穿红衣的老男女，
白发吹散了春天记忆，
把岁月的伤痛与甜蜜，
一起吹进我的诗歌里！

无言

吟诗风雨夜不眠，
雪飞冷窗看孤影，
平生难得几次醒，
一生知音梦里寻。

悠悠寸草我心醉，
树飘落叶敲窗外，
彼此相对我无言，
天下难寻忆中人。

放

海浪翻泥沙，
天空挂太阳，
赤脚走人生，
双手放梦想！

起飞

一次次总是起飞，
去世界找个角落，
寻找思念与记忆，
把伤痛思绪飘去。

终于你又要起飞，
跨过大山越海洋，
灵魂里追寻自己，
生活里快乐飘去。

飞

假如

假如我和你认识，
生活又可以改变，
爱情可以重解释，
故事可以新开始。

我也经不起岁月，
一次又一次重叠，
一遍又一遍翻阅，
故事也只能如此。

假如我和你相知，
前世约定今生见，
我也无法再改变，
伤痛已入骨麻木。

不管你怎样寂寞，
又如何如何美丽，
我和你只能假如，
故事无法改结局。

石头

石头石头小石头，
我总是轻轻行走。
怕惊碎你的身躯，
怕惊醒你的灵魂。

笑声太多你不懂，
哭声太多你不知。
你不会爱惜自己，
都是别人打扮你。

要为房子做嫁衣，
所以别人折磨你。
离开你自己土地，
却为世界筑工地。

石头石头大石头，
我需要匆匆行走。
请悄悄地告诉我，
黄金是否你子孙。

诗意

无言与无名，
好像你的诗；
无语也无字，
她像他的诗。

无句与无利，
好像我的诗；
无哭也无笑，
不知谁的诗。

自由与幸福，
好像存放进，
大地与天空，
我的诗意里。

酒杯

当我们再一次拿起，
已沉睡千年的酒杯，
从那朦胧的记忆里，
涌起抹不去的狂欢。

我只好在举怀前将，
莫名的兴奋与伤悲，
当作一生永远难忘，
和一场不散的酒宴。

我不管能饮不能饮，
都也要拼命的一醉，
生命是一次次滚动，
我把爱来重新移动。

所有人把友情的酒，
都向权力金钱举杯，
而咱们这些朋友们，
渴望让我们再举杯。

酒的陶醉

有一种酒叫红酒，
就像女人的嘴唇，
慢慢品味慢陶醉，
就像那红红玫瑰。

有一种酒叫白酒，
就像男人的气息，
刚烈心情定陶醉，
就像那涌动大海。

有一种酒叫黄酒，
就像一对老男女，
找寻故事自陶醉，
就像燃烧黄土地。

有一种酒叫友情，
有一种酒叫爱情，
另一种酒叫心灵，
我都会被她陶醉！

陶醉

为什么

小时候我总记得，
老师总是教育我，
要视黄金如粪土。
我不知道为什么？

长大后我也记得，
家里人都希望我，
要把粪土变黄金。
我不知道为什么？

小时候我还记得，
父母天天盼望我，
远大梦想中长大。
我不知道为什么？

长大后还不明白，
过去一年又一年，
没人需要有梦想。
这到底是为什么？

到现在还不清楚，
为什么就在眼前，
好多人像在天边，
如幸福中初相遇。

为什么你知道吗？
让我拥有个梦想，
好有理由去坚强，
不管黄金或粪土。

金钱

哦，金钱！
就像食堂里的饭票，
就像进戏院的门票，
就像人生的救命票，
没有钱谁也活不了。

哦，金钱！
年轻人在拼命花钱，
说为了以后能挣钱。
中年人在拼命挣钱，
是为了更多地挣钱。

哦，金钱！
老年人在拼命挣钱，
是为了老得走不动，
也能存钱能再存钱。

也不知把钱带何方？

哦，金钱！
生活是钱为人服务，
生命是人为钱服务，
到底钱与人谁重要？
我还是真的不明了！

眼泪

眼泪到底来自哪里，
我一直不明白为何？
有时来自无比绝望，
从心里聚集到眼里，
如此伤悲陌生眼泪。

眼泪到底回去哪里，
我一直不明白为何？
有时来自无比快乐，
从眼里流到心底里，
如此幸福麻木眼泪。

我一直不知道到底，
是先有莫名的眼泪，
还是先有心底伤悲。
是先有闪亮的泪光，

还是先有快乐无比。

有一种眼泪好温柔，
如记忆中分别亲吻。
有一种眼泪好狂野，
如航行中闪亮光辉。
泪与空气一起蔓延！

宽恕

多数人都喜欢歌，
对诗喜欢已淡漠，
因为歌里有激情，
能让哭与笑互动。

现在的诗少快乐，
只能让泪水涌动，
带给思念与伤愁，
没有无止境宽恕。

所有人喜欢金钱，
有人不喜欢物品，
金钱让万事畅通，
物品给他是沉重。

如没有诗哪来歌，
如没有物哪来钱？
人生多一点宽恕，
提沉重把诗朗读。

血液

知道吗有个人钱多了，
拿血洗着钱里面的血。
明白吗有个人钱没了，
用血去换了钱再输血。

花香滴着那太阳的血，
分娩女人像游泳的河，
没有绿叶能遮掩羞涩，
新生命从血河里流出……

肉体总在四季里漂泊，
我好想用冰凉的双手，
用血液里奔波的迷惑，
触摸一下云朵的温柔。

血液里的夜不断延续，
我用细胞里无数问号，
以及能忧伤燃烧的血，
写上无数古怪的句号！

黄茅山

有座山叫黄茅山，
有一位大地父亲，
守护着济公祖先，
在千万年中孤独。

古老神秘黄茅山，
一位大地的子孙，
日夜守护山与木，
在万花丛中独舞。

斜阳抖落黄茅山，
岁月被繁华拉走，
好像没有人把他，
当作以后的传说。

山连接山黄茅山，
崖顶眺望峰孤绝，
哀伤故事愁白头，
旷世诗作童话中。

虎山顶

雾里看景花更美，
无名小花秘密在，
虎山门口五虎在，
无限好却在峰顶。

锦绣山河入目望，
雾飘云层今吟唱，
激情飞舞虎山顶，
看温岭今朝多美。

激情飞舞

千年曙光

神州瞩目那千年曙光，
记得那激动人心晚上，
大家互相不约而转告，
二千年的第一轮阳光，
先到温岭市松门石塘。

整个晚上穿着军棉袄，
北风吹脸谁都不睡觉，
同解放军女民兵一道，
站在离太阳最近岛上，
等待早晨第一轮阳光！

整整等待了一个晚上，
天空终露出一点点白，
双方的脸互相望不到，
啊，看！

突然一声尖叫，
打破天空寂寞的时光。

海面悄悄升起轮阳光，
每人脸镀上金黄色光。
有多少人欢呼不知道，
啊，只知道终于盼到那，
天地与共那千年曙光！

方山随想

一、空中花园

如今那方山顶，
山花烂漫地开。
千姿里藏百态，
空中已挂花园。

坐思石桌凉亭，
多少忧愁放开。
请把诗歌送进，
空中美丽花园！

二、北大游学

同学们早晨好，
歌已唱日在笑。
河水开始思考，
小树慢慢舞蹈。

方山

小鸟叽喳伴唱。
佛堂祝福飘飘，
老师同学健康，
人生幸福美好！

三、慢步山顶
独自慢步山岗，
风儿牵手就笑。
蝴蝶双双睡觉，
绿叶美丽小床。

思念移动小桥，
雾里看城独妙。
山顶放目一望，
月色满山真好！

蝴蝶双双

月亮姐姐

记得小时候，
抬头望天空，
伸手进白云，
想拉姐姐手。

月亮藏云中，
姐姐月亮中，
手儿抓落空，
心儿空想月。

往事如烟过，
妹妹近白头，
思念如白玉，
姐姐难回头。

月圆中秋夜，
独坐窗外面，
相思两地情，
月光照月饼。

石夫人

五龙山上石夫人，
十扛十担嫁温岭，
丈夫出走漂过海，
白云深处无家人。

如泣如诉石夫人，
大雨飘落多伤悲，
太阳悠悠寻找您，
北风呼呼等那年。

望眼欲穿石夫人，
不知有无夫君归，
上卷发鬟俏独立，
为何等待几千年？

深沉执著石夫人，
憔悴等待何年代？
忧愁抱紧孤单望，
相思喷发几万年。

石夫人

渔家人

倾听渔家女笑声，
倾听渔民欢呼声，
还有海深处涛声，
梦想在金色海岸。

掀序幕大风大浪，
胸怀却大喜大悲，
经坎坷命若琴弦，
渔家人骄傲大海。

渔家

男与女

一个女喜看戏，
二个女共唱戏，
三个女一台戏，
四个女已无戏。

一个男喜做戏，
二个男对头戏，
三个男合作戏，
四个男戏中戏，
男与女戏连戏。

知音

梦中常有知音出现，
好像在自己的身边，
又好像远在天一边，
我想去诉说又不见。

梦中真有知音出现，
可能有天还能相见，
一个山里一个海里，
一个世界两种天地。

一天一边

信息捎来四月一天，
回忆荡漾在海一边，
微风吹散怨的一天，
快乐紧跟你身一边。

愿你把往事放一天，
掩住那如花的一边，
重新把风景看一天，
思念会飞过天一边。

一天一边

如果有一天

如果有一天，
你忘我我也忘记你，
那也没有多少关系，
星座照样排列天空，
玉石照样深藏山中，
鱼儿照样海里奔走。

如果有一天，
独自行走沧桑之后，
却留下黑暗的天空，
我相信你我一定会，
在晚霞流泪燃烧前，
忍不住写下那梦境。

如果有一天，
黑暗里把我重新想起，

我也会把珍藏的快乐，
让故事穿过喧闹城市，
生活与艺术同梦对接，
通过我的诗来寻找你。

你我小城里

温柔和天真如你，
浪漫与激情如我，
你少天真留温柔，
我少浪漫留激情。

你不怨岁月辛劳，
只要能一般歌唱，
我不恨寻求失望，
只要能衬点舞蹈。

你想留女人容貌，
我想存诗人气傲，
终于时代要迁移，
你我旅行小城里。

听你说话像音乐，
听我说话像老歌，
十字街头抬腿走，
路灯孤独又温暖。

去个酒店或茶楼，
沿途风景来抚摸，
原来你我好迟钝，
没出发就已到达。

梦中诗

小城

花季

人们只是知道花季，
却从来真的不知道，
花儿到底从哪来去，
天国曾有花的记忆。

青春带来了百合花，
恋爱送上了玫瑰花，
冬天盼来了腊梅花，
墙上挂满花的回忆。

上山刚献黄白菊花，
下山采回红杜鹃花，
我只知牡丹花美丽，
却不知花季有传奇。

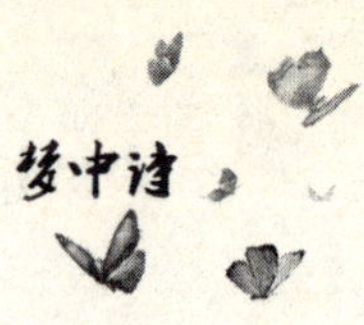

花

蓦然回首办公桌上，
却是寂寞的勿忘我，
在默默无闻地祈祷，
历史的春天是花季。

季

心跳

所有人每天都在寻找，
我想有一次哪怕一次，
与平时不一样的心跳，
让岁月与青春共歌唱。

我用一生忧伤且漫长，
来等待寻找难忘心跳，
结果我俩同时丢车票，
我和他曾经互相失望。

暴雨滂沱覆盖了微笑，
他来寻我时寻我不到，
我去找他时找错地方，
因而哀伤汹涌了心跳。

我终于把那八百篇诗，
就用迟到的笑与心跳，
我还是把他一起写在，
逐渐云淡风轻的天上。

心跳

恋爱

不知是恋中有爱，
还只是爱中有恋？
我一直都不知道，
只记得那个下雨晚上，
你说你爱着我，
但却要先同恋人分手；
我说我恋着你，
但暂时无法让爱靠拢，
就这样只好沉默，
一起让希望等待时光。

就这样有个下雨晚上，
你把雨伞给我，
我把雨伞还你，
从此风雨里各自奔走，
都想如何能手牵着手。

结果还是风儿带着雨，
雨拉着伞无语的飞走，
恋最终被雪雨洗去，
风也把爱一起带走，
最后是谁也没有回头。

恋爱

思念

蒲公英带着太多思念，
不管是冬天还是秋天。
女儿我带着太多祝愿，
不管是春天还是夏天。

季节总是不断地变换，
无论是今天还是明天，
思念总在我心间流转，
时光虽快情意却不变。

家乡的油菜花一大片，
黄得像黄金里藏思念。
兄弟姐妹真情如不变，
情感能把石头变黄金。

春夏秋冬季节在流转，
通波飞过细长的电波，
把那祝福连接那思念，
送给我亲爱的父母亲。

奔跑

梦中的我，
站在幽谷之中。
四周和人一样寂寞，
幸福的人儿从身边走过，
将莫名的胜利据为己有，
阳光同小雨在山顶观望，
风儿和小树相互拥抱，
走过弯路，奔上山路，
回头一望，泪水满眶，
但微笑却凝固在脸上。

所有莫名的兴奋与渴望，
是梦里头一次次的难忘，
不能哭，不能闹，
也要拼命地一笑，
人生是一次又一次地滚动，

多少人却为钱和成功奔忙。
而我和林中的小鸟，
却在天和地之间奔跑，
一切都为了一个愿望。

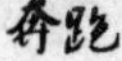
奔跑

距离

她和他说在一起没有
恋爱味道与共同爱好，
只有善良宽厚与热情，
是他们永久不变吟唱。

他总像大山一样沉默，
独自望着那太阳思考，
对着风诉说心中不爽，
把无言的歌同云合唱。

她总像大海一样呼啸，
总同星星在一起思考，
喜欢同时间一起歌唱，
梦想在她那一天奔放。

遥远不是我们的距离，
朦胧才是你我的渴望，
大山与大海真的碰撞，
意外的幸福就会怒放！

谁是我

难忘村门口，
愁望小草绿。
山顶满山红，
不知谁是我？

难忘村东头，
不看菜花黄，
只找野花香，
笑问谁知我？

难忘小山村，
从西走到东，
随风飘稻谷，
请问谁懂我？

难忘家门口，
南风飘心头，
亲情长相守，
我是否是我？

谁是我

女儿

地球上有个中国，
中国里有个泽国，
在那里生了个我，
女儿我孤独寂寞。

父母曾经告诉我，
痛苦有时无人懂，
人生不要总思索，
其实命运好多种。

为了生命的速度，
我想绕球多走动，
带着身体与灵魂，
把茫然纠结放松。

沙漠卷去我青春，
诗歌走进了生活，
充满着爱的灵魂，
女儿我幸福快乐！

媳妇

前面大一片田，
后面大一片海，
前面前一条河，
后面后一条路，
就在那一圆梦，
我新街一媳妇。

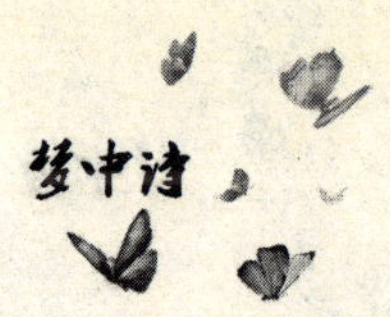

夫妻

当地球开始转动，
当人类开始繁衍，
当万千的世界里，
当相聚只我和你。

一起相聚岁月里，
一起思念我和你，
一起相知生孩子，
一起挣钱过日子。

请在以后时光里，
请你千万别忘记，
请只要故事开始，
请不要无言结局。

爱人

多少年相遇，
我的爱人，
你和我总相同，
我想给你很多，
你想给我更多。
我用激情给你向往，
你用热情给我温暖，
就这样，
岁月匆匆走。

多少年已婚，
我的爱人，
你我一直牵手，
你忘了给玫瑰，
我忘了给温柔，
你让我忘现实残酷，

我让你忘明天无情，
就这样，
岁月踏步走。

多少年相拥，
我的爱人，
曾和你共奋斗，
你给过我伤痛，
我给过你伤愁，
终于通过天上白云，
你我留下美丽时刻，
就这样，
岁月跟梦走。

生

生小孩那个喜，
家里人抹不去，
生小孩那个疼，
母亲总忘不去。

小孩在肚里笑，
妈妈泪已飞光，
孩子出来哭了，
母亲终于笑了！

女商人

女商人很想成为公主，
生意场上是她的灾区，
自尊在那里没有余地，
把骄傲只好放在心底。

女商人很难明白自己，
为何面对云一直伤愁，
为何对大地不断思索，
连心碎也要迎风屹立。

女商人天天奔波操心，
在无星无月的夜晚里，
连窒息战栗仅有幸福，
都很难保存在手心里。

女商人终于那天明白，
那所有的钱财与希冀，
都是那一场忧愁散去，
寂寞跟着游戏的结局！

无法解释

别老是去做生意了，
你不是做商人的料，
老师同父母这样说，
我那时也这样地想。

但命运总爱开玩笑，
在开玩笑的日子里，
我逐渐了解一生里，
不悔却移动的主题。

商人的名字到最终，
还是烙上时间话题，
因时间的不断推移，
终于拿起心底武器。

做诗人是无望的事，
父母总是不变话题，
但是没有人知道我，
无法理解的那勇气。

不远处总听到有一个声音，
在不断地推动笔尖的思绪，
让经历过的伤痛无处可医，
属于我的爱还是那样秘密。

在我那小小的商业王国里，
已珍藏了无法解释的词句，
及快乐与忧愁相撞的美丽，
让我充满无法逃避的诗意。

温岭女人

一

很久很久以前，
传说中有座小小孤岛，
四周都是一大片的海。
有一天暴雨起动了风，
海浪伤心地掀翻了船。
小渔夫也被卷入了海，
有一条美丽无比的鱼，
救起了渔夫并找回船。

从此这座无人的小岛，
有了勇敢无畏的男人，
心如柔情如丝的女人。
听说躺在她们的怀抱，
哪怕积木搭成的小屋，
也永远不会倒塌破灭，

大地终于不断地壮大，
在这里不但成长阳光，
也润泽雨露茁壮万物。
这就是未见面的母亲，
很久前梦中的温岭女人。

二

在山的脚一边，
大海的身旁边，
太阳出来的地方，
有个石头堆结的小城，
住着一群水做的女人。

好多好多年前，
那里有我的童年，
漫步在落寞的街上，
路灯下有一堆又一堆，
编织着那草帽的女人，
笑脸像百合花一样盛开，
不停编织着她们不知道，
也不可能实现的美梦，

这连哲学也不能超过，
也不会懂的美妙夜境，
心底的善良无奈的渴望，
只有风儿在悄悄地传说，
这就是大海的母亲，
好多年前有梦的温岭女人。

三

在路的另一边，
车来车往的马路边，
一群匆匆来去的女人，
天空在她们的面前垂下，
用它傻傻的云朵和彩虹，
装饰着过往的忙碌与落寞。

现在的每一天，
那里有我的女伙伴，
不管前面有无阴影，
手机把声音传到五湖四海，
夜中的灯和她的心飘摇不停，
自己却偷偷把忧伤装进口袋，

却不知快乐对于世界的价值。

她们从来不仰望别人，
却在造就别人的梦与风景，
自己所有的爱与思念，
却让信息快速传播替代，
这就是大地的母亲，
今天造梦的温岭女人。

四

好多好多年后，
在地球的另一个角落，
有一大群男人和女人，
在宇宙里共牵手行走，
用黑土地的泥土点火，
让果实在等待中昂首，
曾用大海来翻阅生活，
冰山里抽取阳光一束，
来连接幸福漫步沙漠。

就在阴阳萌动的瞬间，
让天地辉煌日月灿烂，
就在那遥远的故乡里，
多少后代为迎接幸福，
将无数鲜花抛向海洋，
用梦想换回更多温暖，
用爱来洗尽人世沧桑。
让世界从此美好陶醉。
这就是那人类的母亲，
圆梦在未来的温岭女人。

大海·女人

重新起航

太阳还在偷懒睡眠，
我就在晨雾的光里，
带着美丽看着山里，
站在水对面的梦里，
天总还是那样遥远！

红衣服女孩向我招手，
白衣服男孩向我挥手，
旁边有位老人总诉说，
走过人群又跑过山峰，
同小船一起越过大海！

为洗去老人愁苦的风霜，
为春天小孩阳光的笑脸，
为企业家那匆匆的脚步，
为了所有人的美梦成真，
我们带着希望重新起航！

数码之夜

风华绝代的信息时代，
让数码产业展开翅膀。
带着最初的那个约定，
让无数的心愿与向往。
在这样美好的季节里，
展开了思绪迎风绽放！

夏天的浪漫使人有梦，
冬天的幸福让人坚强。
春天的快乐是那希望，
秋天的骄傲是那果实。
只有温岭的数码商会，
才有今夜神奇的灿烂！

无可替代的数码时代，
让在座的每一位会友。

献出很久的馨芳光热，
交出爱过的每层颜色。
哪怕是个美丽的传说，
也要骄傲地捧出辉煌！

漫步西湖

脚步轻轻，悄悄声音，
漫步西湖，就如当初。
细雨飘飘，你我牵手，
漫步西湖，胜如当初。

眼望你我，手机震动，
捧起亲吻，一方泥土。
爱意翻涌，地球舞动，
透视世界，超越你我。

我和你

你我相逢在相同的夜晚，
你有你的、我有我的方向，
你记得也好，忘掉也好，
悲哀里的心碎，
也是我梦里头的辉煌。

你去，我走，我们在此分手，
你走大路，我进那条小巷，
你的路上有车，
我的路上有风，
交会时，我们一样能互放光芒。

妇女节

你的她一直都不相信，
这所有过去的愁与乐，
及所有的淡清香的茶，
所有的玫瑰独有的酒，
柜中的刻工床头的雕，
及这三月八号的日记，
都是我和他给你的爱，
千辛万苦找回的灵魂，
连同白云给你的礼物。

你和她现在是否相信？
在暮色里你只要转身，
廊外就有千百朵芙蓉，
悠然淡淡地开在水里，
半夜你突然暗中伤情，
无根的树叶不知何处，

只要笑容在白天放开，
金色油菜花连同种子，
风儿帮阳光一起盛开！

男人节

有人说世界少了男人节，
我不知道年年奋斗奔波，
压力下的到底是钢是铁。
你们一定很难很难知道，
好多好多年前的时间里，
他们就像刚出生的小孩，
需要母亲那没有边的爱，
需要那永无人知的关怀。

有人说世界少了男人节，
假如真有一天能让他们，
深藏心底无语泪水开放，
过个属于自己的男人节。
我愿捧起家乡黝黑泥土，
飞越我故乡透视那地球，
我愿意世界轮回几万年，
去要回他那男人的童年。

等待

在那天早上，
我在雨中哭，
你在风中笑，
我在河边等，
你在山顶跑。
不知为什么？

往事回忆中，
等把哭泣忘，
跑把那笑飘，
等待已无望。
我已经年老，
你是否还好？

总是要等待，
万年的愁思，

穿越了千年，
只转载一次。
生命的轮回，
这是为什么？

为何要等待，
这百转的命，
那千回的运。
是否能还我，
千年的旧梦。
别问为什么？

兄弟姐妹

米在锅里躺，
谷在碗边瓢。
稻杆里面烧，
水煮同根抱。

朋友如需要，
何必天边找。
眼前手足靠，
万事多美好！

母亲

一

请时光别伤害我妈妈，
当我还不是我的时候，
母亲放弃了自己的她，
来让女儿我茁壮成长。

母亲我好想留您身旁，
哪怕漂泊他乡已流浪，
我好想和您牵手回家，
慢听唠叨让故事哭闹。

母亲请求您不要辛劳，
不要在时间面前变老，
母亲我那亲爱的妈妈，
我只想和您快乐回家！

二

小时候
妈妈常对我说：
希望靠自己手，
让世界的天空，
梦与命运都在，
你自己的心中。

长大后
好想对妈妈说：
忘掉天上白云，
让您床前挂月，
把忧愁埋大地，
把幸福放天空。

今天我，
泪水已经凝固，
伤心已经让我，
无法好好工作，
妈妈请告诉我，
如何把痛放松！

婆婆

我的好婆婆，
老公的亲娘，
您让我感动，
虽一起不多。

善良的婆婆，
您儿女好多，
您情如大海，
心却如天空。

年老的婆婆，
我话语好多，
谢谢已如丝，
祝福感天地！

大姨妈

父母家住湖头，
嫁到对面山头，
丈夫名叫小头，
姨妈变成花头。

过去几十年头，
丈夫当了头头，
但已变成光头，
姨妈已经白头。

忽然有天老头，
光头对着白头，
夫妻共照镜头，
拉手花季山头。

风儿吹过顶头，
花香飘过山头，
岁月拉近骨头。
姨妈快乐过头！

父亲

时间匆匆岁月悠悠，
很少说起我的父亲，
但正当我提起您老，
为何就已离我而去？

我那不算老的父亲，
其实我有许多许多，
那无法诉说的伤痛，
来不及同您慢细说……

健康又衰老的父亲，
女儿都想靠着您那，
深沉且牢靠的肩膀，
又怕伤了您的自傲。

无论如何要告诉您，
不管触不触痛天地，
我决定同世界一道，
将生命重写个原稿！

外婆

不见青春妩媚的身影，
只见衰老愁苦的风霜。
在那天弯弯的小路旁，
弯下的身躯凄美瘦小。

低声私语问路边小草，
所谓爱情到底在何方？
在那孤独无助小树下，
默默的您无泪也无笑。

希望在我们旁边飞跳，
失落梦境何处去寻找，
古老村庄却为何守望。
您的坚持能否有回报？

老友

老友我亲爱的老友，
我没有什么好给你，
我的梦快乐与忧伤，
都放在我的诗歌里，
所以只好把诗给你！

老友我亲爱的老友，
当你负伤或年老时，
哪怕独自躺在绿地，
请你翻开我的诗篇，
慢慢诵读追忆当初。

老友我亲爱的老友，
让四处蔓延的伤痛，
那无法实现的欲望，
轻轻地从你的心底，
融化淌进我的诗里。

你·我·他

在春与夏的路口，
你总是在想着我，
我总是在爱着他，
他总是在记着你。

在夏与秋的心中，
你把思念留给我，
我把爱情留给他，
他把回忆还给你。

在秋与冬的路头，
你留有你的骄傲，
我留有我的向往，
他留有他的自豪。

春夏秋冬站风口，
浪漫握紧了岁月，
让往事转身潇洒，
留下了他与你我。

天命之年

虎山脚下昨日我，
一边走一边孤独，
如山风拂袖树木，
生命匆匆生活中。

忽见二位老人头，
光头对着那白头，
骨头拉长那骨头，
飞跑在虎山顶头。

我来不及多思索，
让五十岁老青春，
在天与命中奔走，
至少还可重飞速。

春风吹醒了泥土，
野火在远方沉默，
旷野将悔恨融雪，
我将作一次回首！

三个男孩

爱不一定在书本里，
也不一定在语言里，
我总喜欢独自奔跑，
那份爱还无人知道，
独自在落叶边寻找。

有天早晨天气晴朗，
三个男孩总跟身旁，
不快不慢跟我共跑，
终于我还是受不了，
因我年老白发苍苍。

叫三个小男孩快跑，
他们无语泪水满眶，
到后来我才真知道，
他们为了我不跌倒，
所以每天一起奔跑。

当我年老

当我年老，
已明白长年辛劳，
无奈中奔波伪装，
原不是我的本意，
请求大家找遗忘。

当我年老，
如果有一天你们，
悲伤地将我记起，
请你还是微笑地，
将我慢慢地忘记。

车上看夕阳

来来来又去去去，
一天又来了一天，
一年又去了一年。
夕阳落在山里面，
梦想还在云里面。

匆匆匆又忙忙忙，
一边山头一秋林，
二边桥头二面海。
坐在车上看夕阳，
春夏秋冬未归还。

看看看又想想想，
无边田野一农民，
几千年来奔儿年，
一眼匆忙看夕阳，
这世界让自己想。

车上看夕阳

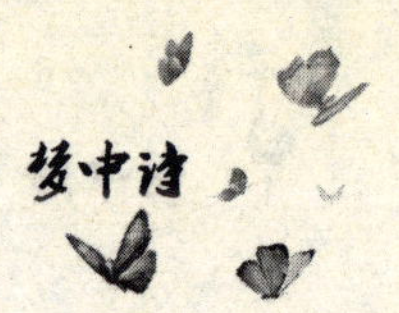

神秘王国

那一年的那个春天，
跟着同学牵手至亲，
来到了蒙古的草原，
风儿把我扶上马背，
马儿载不动我的情，
终于轻轻将我放回。

走错地方进了庭院，
院里有座古老皇宫，
高坐上面成吉思汗，
皇冠下严肃威严脸，
问我是否已经睡醒，
当皇妃或皇后随便。

我骄傲地告诉了他，
杀了我也不嫁给谁，

因自己流淌的血液，
有着不一样的古代，
能跑喜走的我发现，
我有我自己的王国!

再活一百年

哪怕真有那一天，
双目世界看不见，
双脚圆圈迈不开，
那也没有啥关系。

假如真有那一天，
双手抓不住天数，
双脚站不住地球，
我让心跳暂凝固。

只要真有那一天，
思念要同白云见，
血液想和红酒飞，
我就将一醉千年。

那一年的那一天，
如果生活需要我，
把微笑追索延续，
我就再活一百年。

梦中诗

再活一百年

女人与小河

小县城里有个小村庄，
小村庄里有间小草房。
小草房里有位小女人，
小女人门口有条小河。

河北河西河南河东头，
她同母亲就隔了条河。
泽国湖头山坑百亩坦，
都是芋头蕃莳炒冷饭。

大女儿住在河山那头，
小女儿住在河泽东头。
她就照顾南来照顾西，
她又关怀北来向往东。

还是湖头流水湖东去，
七十年再等起无限期。
千万年的河水已干涸，
她的丈夫还是无归期。

秋花

有个叫秋花女孩，
嫁给村庄大男孩。
生下两个小女孩，
丈夫秋天去当兵。

梅兰绣花像女孩，
竹菊上学像男孩。
秋花带大两女孩，
长大不见自父亲。

梅兰嫁到山那边，
竹菊嫁到海那边。
秋花站在窗户边，
眼望秋色等谁归？

秋花已添白发头，
丈夫女儿难回头。
不知伤愁绕哪头，
门前花开又花落。

约定

无法原谅我的冤家，
你无论多少个如何，
总要给我一个约定，
让我的思念与痛苦，
在泪水中可以开放，
在等待中可以遗忘。

无法忘记我的冤家，
越过大山跨过小溪，
我和你真很难相聚，
没有过真正的约会，
寻找无法回报的爱，
等待你那无望的情。

无法相信我的冤家，
我和你不可能相会，

你欠下太多我无奈，
哪怕你已在天那边，
我也会在泥土地下，
等你给的那个约定。

盼夫宿命

窗前有位老婆婆，
风景入目望山头。
冬天来临心事重，
帘卷西风吹白头。

夜凉如水愁更愁，
只好热水暖脚头。
一年过去又一年，
盼夫快回家里头。

山有树木木有枝，
枝头花儿落满地，
河边小船已远去，
君不知我爱多时。

西边小溪东流水，
一枝红杏弯墙内，
既然丈夫无归期，
绝哀守望等何时？

等郎归

记得很久前，
北风飘墙外，
蜷缩在窗内，
泪流我满面。

我的老外婆，
站在桥头边，
雪飘花白头，
等那郎君归。

痛苦变美丽

世界上最痛苦的事，
不是生与死的别离，
而是你和我在一起，
你憎恨我我伤害你！

世界上最痛苦的事，
不是互相伤害憎恨，
而是你和我在一起，
你爱我我却不爱你！

世界上最痛苦的事，
不是爱不爱的问题，
而是你和我在一起，
将无法生存活下去。

世界上最痛苦的事，
不是无法生活生存，
而是你和我在一起，
失望已将心埋海底。

世界上最痛苦的事，
不是失望心埋海底，
而是你和我在一起，
痛苦事却无法提起。

世界上最痛苦的事，
不是痛苦无法提起，
而是你和我在一起，
要把痛苦变成美丽！

说吧同学

他从小学到高中，
很想同她说一说，
因是同班好同学，
实在不好意思说。

上大学远离出走，
该说的还是没说，
几年后她已结婚，
他已经来不及说。

时间总是匆匆过。
说吧同学快点说！
最后她终于离婚，
但他已不可能说。

老师

记得相隔千里，
那时我还不理，
诗和歌的情意，
书和画的意义，
原来我的老师，
灵魂就藏诗里。

是你让我血里，
把明白放诗里，
我好想美丽里，
颤音轻呼唤你，
剥离泥巴留你，
把思念留给你。

在温暖的春夜，
月圆所有草地，

终于我迷失在，
自己的诗歌里，
随着千山万水，
慢慢删去回忆。

那个年代

在一九七七那年，
离别了中学年代，
小路边看到我们，
好像擦肩而闪过，
漠然地不再相识。

在一九八七那年，
最没有怨恨春天，
早已经了无遗憾，
蓦然回首的角落，
发现已结婚我们。

在一九九七那年，
在没有下雨那天，
你三人漫步街头，
终于发现山冈上，

那轮静静的满月。

在二零零七那年，
记忆从心里涌现，
玉手被岁月雕悴，
发现离退休不远，
夕阳含泪山里面。

在二零一一那年，
第一次开同学会，
好感动就那一刻，
都将成为你和我，
那一种无瑕的美。

同学会

面对同学会，
岁月摆下的筵席。
在举杯之前，
我们都已经明白。
仰望过星群，
竟然已经很遥远。
到今天相会，
更醇更美饮一杯。

相信同学会，
时光虽无法追回。
无奈与爱恋，
将收藏语句后背。
同学请记住，
如水如酒的记忆。
在不断唤醒，
需要寻找的热情。

心

那天早上不小心，
脚跟踏碎了地球，
世界开始了发怒，
让黄土地翻跟斗，
让黑土地也发抖。

那天白天不小心，
手指触痛了星心，
世界开始了启动，
所有一切都波动，
忘你忘我忘转动。

那天早上不小心，
眼睛看破了星心，
世界开始了伤心，
太阳昏了头要走，
星星伤愁得逃走。

那天夜里不小心，
梦话感动了雷心，
泪流进了世界心，
大地弄累了那心，
天空只好洗一遍。

白天总是太多心，
晚上总来伤透心，
让黑夜藏好那心，
早上可献上爱心，
善良人美丽了心。

正月里

北大开学正月里，
你我相聚又分离，
无法诉说的思绪，
放在如水月光里。

女人相聚正月里，
披着清晨的云裳，
摘一朵红红玫瑰，
让喜悦陶醉心里。

男人相聚正月里，
穿着金色的阳光，
就像陈年的酒酿，
把热情怒放心里。

我们相聚春风里，
把所有排列字句，
同一个恍惚名字，
放在你我记忆里。

威海相聚

海风飘海浪偷笑，
威海相聚在今朝。
大海虽无法回报，
思念却激情燃烧。

假如人间情已光，
所有大海已发烧，
浙大同学别惊慌，
今晚已无法抹掉。

我们会面对空荡，
哪怕留一点希望，
所有不快与忧伤，
都将在威海遗忘。

儿子真棒

王中自有王中王，
一天更比一天好。
添一王家一儿子，
新年有你更美好。
年年都有新希望，
好学好做才会好。
你是父母心头宝，
真龙摆尾瑞雪好。
棒竹声声银蛇跃，
啊，祝我儿新年好。

小子英豪

祝王宇你新年好，
王家有你福气好，
宇宙之中有希望。
你这小子真英豪，
新年银蛇丰年到，
年年都有新美好，
好运连连事都好。

去奥地利

牛当马来蛇作龙，
地球远飞人奔走，
右带爱妻左带女，
联合国去奥地利。

悠悠岁月天未老，
夫看子孝两相望，
母亲恩情似烟海，
相思连接白云处。

搭错班车

墙外桂花墙内香，
女儿洒脱走天下，
搭错班车难刹车，
不是汽车是列车。

火星金星即相碰，
梦想等待何年月，
搭错班车难回转，
爱情遗忘已茫然。

午后花飘香门外，
女儿已读书在外，
搭错班车要回来，
事业已将家庭变。

地球在世界里转，
美丽的梦要实现，
搭错班车已回转，
传奇已将故事改。

失落婚礼

他同她相遇，
少男少女舞动了美丽，
让夏天里发生起美意。

他和她婚礼，
男和女开始各自创意，
让春天里多了个激励。

他同她婚离，
中年男女最后的壮丽，
是秋天里的一个分离。

他和她可能，
一次又一次不断相遇，
让年老后增加了回忆。

他和她只能，
让心灵再次遗憾迷离，
出现后无法原谅自己。

他和她最后，
只能在昙花之前驻足，
让故事在冬天里失落。

甜蜜回家

过了那十字路口，
走到了丁字街头，
脚步轻轻走到头，
童年甜蜜家门口。

世上有数不清家，
不管快乐哪一家，
只要有父母在家，
就能够甜蜜回家。

过了那十字路口，
走过了北门街头，
脚步匆匆走过头，
中年甜蜜家门口。

把疲倦回忆卸家，
把疼爱思念放家，
无比幸福带进家，
满载好甜蜜回家。

延安印象

自从我啊自从我，
在妈妈怀里留走。
我便失去了有关，
午夜的特别记忆。

看向失望的人群，
生活与心灵交替。
生命同大地融合，
我不知如何面对。

往事如烟在昨天，
黄土地上的青年。
拿血与肉去奋战，
灵魂与精神召唤。

在今天就在今天，
走延安已经实现。
心中已掌握方向，
精神需发扬光大。

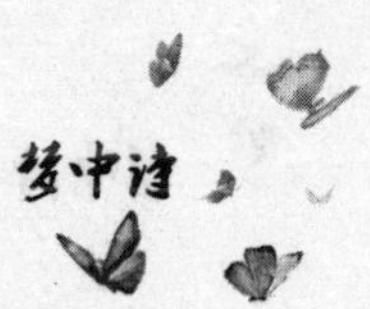

延安

站黄河边

当我站在黄河边，
水冲河里颜色变，
不知是泥把水染，
还是水来把泥碎。

当我站在黄河边，
不知清水从何来，
不知黄水何处去，
人生如水无法回。

当我站在黄河边，
世界好像就眼前，
天空好像另一边，
远方游客快回归。

简单复杂

简单与复杂，
利用知识，
把简单变复杂，
这是博士；
利用金钱，
把复杂变简单，
这是商人。

有人不理简单，
也不了解复杂，
这就是失望者；
理清了那简单，
解开了这复杂，
就最后这批人，
变成了企业家。

希望我生命里，
简单如一首诗，
复杂如一本书，
为了换回温暖，
我终走出最初。
每天不断地梦，
也总不断地醒。

员工

其实不是所有梦，
我都来得及实现，
不是所有的话语，
都来得及告诉你。

请不要随意错过，
一起美好的时刻，
虽然有时候的我，
好想独自去前行。

真不愿目送你们，
静静地离我而去，
其实举手投足间，
我心里全是你们。

即使一定要离去，
请千万不要忘记，
公司已无法抹去，
随意留下的回忆。

阳光岁月

早晨的阳光，
温暖了多少你我，
芬芳散发了快乐，
让昨晚梦开翅膀，
向成功地方奔跑。

中午的阳光，
火热了多少岁月，
田园里充满歌唱，
希望让土壤肥沃，
幸福弥漫了心房。

下午的阳光，
美好了无数时光，
花香已漫步山岗，
乡村里藏满珠宝，
日子里甜蜜美好。

如果你想

如果你想寻找我，
请不要放纵伤悲。
天下无不散筵席，
一切将回到从前。

如果你想寻找我，
请不要孤独无望。
只要曾闪过渴望，
一切将会被遗忘。

如果你想寻找我，
请不要骄傲荣耀。
英雄有迟暮一天，
一切将回到原点。

如果你想寻找我，
请不要把恨记牢。
一定要把爱带上，
不管未来要不要。

美梦成真

美

风每天追着那云，
云被迫爱上那风。
总是缠绵累不累，
云却要原来的美。

梦

茫茫世界人海里，
生活堆积着生命。
梦每分总跟着我，
我每秒总做着梦。

成

梦中人总在找爱，
爱中人总在寻梦。
是梦圆还是爱成，

梦里的爱成了梦。

真

地总是仰望着天，
天总是看着那地。
每天总是真相见，
无法寻原来的真。

我要

我寻自我，
要找我要。
梦想无梦，
想念思想，
成为无成，
真我我真。

美梦成真